Orison Swett Marden

Streu Blüten, während du gehst

Orison Swett Marden

Streu Blüten, während du gehst

Von der Kunst, das Glück
zu finden

Aus dem Amerikanischen von
Emma Bake

Zwischentexte von Baltasar Gracián

Mit zwanzig Zeichnungen von
Annemie Lieder-Vetter

Oesch Verlag

Die Deutsche Bibliothek – CIP-Einheitsaufnahme

Streu Blüten, während du gehst : von der Kunst, das Glück zu finden / Orison Swett Marden. Zwischentexte von Baltasar Gracián. Aus dem Amerikan. von Emma Bake. Mit zwanzig Zeichn. von Annemie Lieder-Vetter. – Zürich : Oesch, 1998

ISBN 3-85833-574-6

Die deutschsprachige Erstausgabe erschien unter dem Titel »Frohsinn, eine Lebenskraft« im Verlag W. Kohlhammer, Stuttgart.

Die Übersetzung der Zwischentexte von Baltasar Gracián stammt von Arthur Schopenhauer (leicht bearbeitet).

Schutzumschlaggestaltung unter Verwendung eines Teppichentwurfs von Edward Burne-Jones (Ausschnitt)
Druck und Bindung: Ebner Ulm

ISBN 3-85833-574-6

2 4 6 5 3 1

Inhalt

Vorwort *7*

Herz und Kopf 11

1. Was Vanderbilt für zwölfmal Lachen zahlte *13*

Die Kunst, Glück zu haben 21

2. Die amerikanische Krankheit *23*

Vom Glücke beim Gewinnen scheiden 43

3. Das Einölen der Arbeitsmaschine *45*

Sein Glück erwogen haben 59

4. Nimm das Vergnügen ebenso ernst wie die Arbeit *61*

Für große Bissen des Glücks einen Magen haben 75

5. Von Dingen, die man findet, ohne zu suchen *77*

Im Glück aufs Unglück bedacht sein *89*
6. Bitte recht freundlich *91*

Nicht mit seinem Glücke prahlen *103*
7. Sonnige Menschen *105*

Anmerkungen *113*

Über die Autoren *115*

Vorwort

Wäre es nicht herrlich, einmal all die Quälgeister loszuwerden, die uns unser Leben verbittern? Sich einmal freizumachen von dem Ärger und der Sorge für das tägliche Leben? Die Heiterkeit kann das. Sie kommt mir vor wie das Öl, das trägen Maschinen neue Kraft verleiht. Auf jeden Fall übt sie auf unseren Organismus eine ganz ähnliche Wirkung aus. Und warum soll dieser Organismus leiden, nur weil das Öl fehlt?

Könnte man sich den Frohsinn nicht sozusagen zur guten Gewohnheit machen? Und jeden Tag genießen, den man erlebt? Statt die ganze Woche zu seufzen und zu stöhnen und sich höchstens einmal sonntags zu freuen und für alles Ungemach zu entschädigen?

Man kann sich ganz gut einen gewissen Gleichmut aneignen, eine sanfte, stille Zufriedenheit und innere Ruhe. Das geht auch ohne ausgelassene Scherze oder lauten Frohsinn.

Daß man sich Mühe gebe, alles von der besten Seite anzusehen, und daß man lerne, sich Zeit zu nehmen zu ein paar freundlichen Worten – dazu soll dieses kleine Buch die Anregung geben.

Herz und Kopf: *die beiden Pole der Sonne unsrer Fähigkeiten: eines ohne das andere halbes Glück. Verstand reicht nicht hin; Gemüt ist erfordert.*

Baltasar Gracián

1. Kapitel

Was Vanderbilt für zwölfmal Lachen zahlte

Als Vanderbilt[1] sich einmal in Konstantinopel aufhielt, lud er den großen Mimen Coquelin den Älteren, der gerade zur selben Zeit in derselben Stadt weilte, zu einer Privatvorstellung auf seiner Yacht ein. Coquelin trug drei seiner Monologe vor. Einige Tage später erhielt er von dem Millionär folgende Zuschrift:

»Sie haben es verstanden, unsere Augen weinen und unsere Herzen lachen zu machen.

Da nun alle Philosophen darin übereinstimmen, daß das Lachen dem Weinen vorzuziehen ist, so beläuft sich Ihr Guthaben bei mir wie folgt:

Weinen	6mal	$ 600
Lachen	12mal	$ 2400
		$ 3000

Wollen Sie den beiliegenden Scheck gütigst dafür akzeptieren.«

Es ist etwas Herrliches um das Lachen!

Wenn alle wüßten, wie das Lachen die Kraft hat, unser Leben zu verlängern und unsere Gesundheit zu erhalten, so würden die Schatten schlechter Laune, die jetzt so häufig unsere Stirn bewölken, wohl schneller verschwinden – und die Ärzte würden weniger Patienten haben.

Denn es gibt nichts Gesünderes als das Lachen. Es schüttelt den Körper durch, regt den Blutkreislauf an und bringt Magen und Leber zu kräftigerer Tätigkeit. Ein herzhaftes Lachen beschleunigt das Atmen, gibt dem ganzen Körper Wärme und Licht und den Augen Glanz. Es weitet die Brust, erhöht die Ausdünstung der Haut und treibt die schlechte Luft aus den Lungen und Zellen heraus.

Kurzum, es wirkt mit an der Entstehung des herrlichen Gleichmaßes, das wir Gesundheit nennen. Denn nur durch harmonisches Ineinandergreifen aller Funktionen des Körpers bleiben wir gesund. Eine sorgenvoll durchwachte Nacht, Kummer, Not oder Angst schaden unserer empfindlichen Gesundheit, doch ein einziges herzliches Lachen ist imstande, alles wiedergutzumachen.

Ja, Heiterkeit ist ein Lebenselixier!

Nicht nur für das physische, sondern auch für das seelische und moralische Leben ist sie von unschätzbarem Werte.

Man kann sich gesundlachen.

»Frohsinn ist Gottes Arznei«, sagte Dr. Oliver Wendell Holmes, »jeder sollte darin baden. Kümmernisse und Sorgen, Not und Verdrießlichkeiten, der ganze Rost des Lebens müßte mit dem Öl des Frohsinns abgerieben werden.«

Dr. Burdick war im Westen New Yorks als der »Lachende Doktor« bekannt. Er kam zu seinen Patienten stets mit einem strahlend heiteren Gesicht, und seine gute Laune wirkte ansteckend auf sie.

Obwohl er nur wenige Tropfen und Pillen verschrieb, waren seine Kuren doch sehr wirksam. Die Kraft der guten Laune ist eben für Kranke und Schwächliche von großer Bedeutung. Ein heiterer Gemütszustand kann unter Umständen auch die schwerste Krankheit überwinden helfen.

Seelische Einflüsse greifen das Nervensystem an, Kummer, Sorge und Furcht untergraben das menschliche Leben; ein fröhliches Gemüt hingegen befreit nicht nur von Schmerzen, sondern erhöht auch die Lebenskraft des Körpers.

Ein bedrückter melancholischer Mensch, der den Glauben an sich selbst und an sein Können verloren hat, versinkt leicht in nutzloses Grübeln, weil ihm die Heiterkeit der Seele fehlt, die sich durch eigene Kraft über das Ungemach des Lebens hinwegzusetzen vermag.

Deshalb stelle man sich also mit aller Macht gegen jeden Einfluß, der einen niederdrückt. Sogar das gefürchtete Herannahen des Alters läßt sich auf dies Weise aufhalten. Durch einen heiteren Geist und durch ein frohes Gemüt kann man sich auch in reiferen Jahren die Kraft und Schönheit der Jugend bewahren.

Neulich las ich von einem Manne in einer benachbarten Stadt, dessen Leben die Ärzte bereits aufgegeben hatten. Es wurde nach den Verwandten geschickt, und sie saßen wachend und wartend an seinem Bett.

Da kam ein alter Bekannter, der lächelnd meinte, der Kranke würde schon bald wieder gesund werden. Der Freund erlaubte es sich sogar, ein Späßchen zu machen, so daß der Kranke zu guter Letzt lachen mußte.

Und diese Anstrengung tat ihm wohl. Er erholte sich und wurde wieder gesund!

Sagt nicht schon Shakespeare, daß ein fröhliches Herz lange lebt?

Der Frohsinn ist eine billige Medizin, und mit der Erziehung zum Frohsinn sollte man schon bei kleinen Kindern beginnen. Aus Kindern, die nicht fröhlich lachen können, wird niemals etwas Rechtes. Denn Bäume ohne Blüten tragen keine Frucht.

Auch das gute Aussehen hängt vom Sinn für Humor ab, und das Beste und Freundlichste in unserem Leben kommt durch ein ordentliches, kräftiges Lachen herauf an die Oberfläche.

Hufeland[2], der Leibarzt des Königs von Preußen, riet diesem, wieder die gute alte Sitte der Hofnarren einzuführen, über deren Späße und Schwänke die ganze Tischgesellschaft bei Hofe früher dröhnend zu lachen pflegte. Doch lange vor ihm hatte bereits Lykurg[3] den Gott des Lachens in den Speisehallen von Sparta aufgestellt.

Jeder Tag unseres Lebens, an dem wir

nicht gelacht haben, ist ein verlorener Tag, sagt der kluge Chamfort[4].

Und wenn auch die Königin Mode das laute Lachen verbietet, so habe ich doch wenig Vertrauen zu ihren Ansichten. Denn dieselbe tyrannische Herrin macht die Menschen krank durch Korsetts, liebt das Schminken und besucht allnächtlich Tanzgesellschaften – ja in China verunstaltet sie sogar den Frauen die Füße.

Freilich gilt es in allen zivilisierten Ländern als Hauptanliegen einer guten Erziehung, sich nicht zur Unzeit und übermäßig laut dem Frohsinn hinzugeben. Ein gebildeter Mensch wird diese Regel wohlerzogener Menschen nie verletzen.

»Ich liebe einen Menschen, der herzlich lachen kann«, sagte hingegen Walter Scott[5]. Und er selbst war einer der glücklichsten Menschen unter der Sonne, hatte stets ein gütiges Wort und ein freundliches Lächeln für jeden bereit und wurde deshalb von aller Welt geliebt.

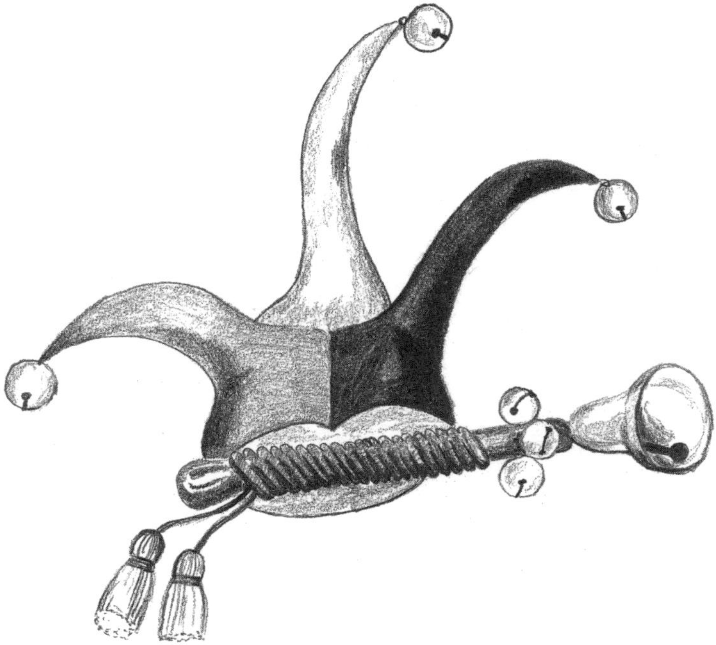

Was lachst du nicht, mein Freund, wenn Not sich
Statt trüb herumzusitzen früh und spat? [naht,
Es gibt nicht Spiel allein
Und lauter Sonnenschein.
Kommt Not zu dir herein, was lachst du nicht?

Was lachst du nicht? Es heilt, wenn man es kann,
Den Schmerz, die Not. Nicht glatt ist jede Bahn.
Du findest auf dem Weg
Manch rauhen, steilen Steg.
Und mußt doch drüber weg. Was lachst du nicht?

Was lachst du nicht und machst uns mit dir
Daß wir vergessen alle trüben Sachen? [lachen,
Der Lacher stets gewinnt.
Sei wieder frohgesinnt,
Versuche es, geschwind! Was lachst du nicht?

Die Kunst, Glück zu haben. *Es gibt Regeln für das Glück: denn für den Klugen ist nicht alles Zufall. Die Bemühung kann dem Glücke nachhelfen. Einige begnügen sich damit, sich wohlgemut an das Tor der Glücksgöttin zu stellen und zu erwarten, daß sie öffne. Andre, schon besser, streben vorwärts und machen ihre kluge Kühnheit geltend, damit sie, auf den Flügeln ihres Wertes und ihrer Tapferkeit, die Göttin erreichen und ihre Gunst gewinnen mögen. Jedoch, richtig philosophiert, gibt es keinen andern Weg als den der Tugend und Umsicht; indem jeder gerade so viel Glück und so viel Unglück hat als Klugheit oder Unklugheit.* *Baltasar Gracián*

2. Kapitel

Die amerikanische Krankheit

Fürst Wolkonsky stellte während seines Aufenthaltes in Amerika fest, daß hier das »Geschäft« Alpha und Omega sei: »Es gibt kein Vergnügen, keine Freude, keine Behaglichkeit; man betrachtet alles nur vom Standpunkt des Profits aus. In keinem andern Lande heißt es so wie hier: ›Der Mann ist so und so viel Dollars wert.‹ Anderswo lebt man, um das Leben zu genießen, hier existiert man nur fürs ›Geschäft‹.«

Ein anderer vornehmer Reisender urteilte ähnlich: »In den Vereinigten Staaten gibt es jeden erdenklichen Komfort, aber keine wirkliche Lebensfreude.«

Der Ehrgeiz, so viel wie möglich zu verdienen, und der Kummer über das, was man vielleicht verloren hat, absorbieren das ganze Leben. »Keinem andern Volke stehen Sorge und Bedenken so deutlich im Gesicht geschrieben wie den Amerikanern«, sagt Emerson[6]: »Das Alter fängt schon in der Kinderstube an.«

Wie schnell leben wir heute unser Leben! Mit welch unruhiger Hast jagen wir allem nach! Es scheint beinahe, als ob jeder Mensch, den man auf der Straße trifft, gerade irgend etwas Wichtiges zu versäumen fürchte.

»Eile« ist jedem kleinen Fältchen unseres Gesichtes aufgedrückt. Je älter wir werden, um so hastiger und unruhiger werden wir und spannen dabei unsere Kräfte auf das Äußerste an.

Ein gebeugter Gang, vorzeitig ergrautes Haar, Ruhelosigkeit und Mißmut: das sind die charakteristischen Merkmale unserer Zeit.

Unsere überreizten Nerven sind leicht erregbar, und wir neigen zu Heftigkeit und Empfindlichkeit.

»Nicht die Arbeit tötet den Menschen«, sagt Beecher; »sondern die Sorge.« Arbeit ist gesund, aber Sorge ist Rost auf der Klinge. Nicht die Bewegung zerstört die Maschine, sondern die Reibung.

Es sind weniger die großen Leiden, die großen Entbehrungen und die großen Sorgen, die unsere Lebenssonne verdunkeln, als vielmehr die kleinen täglichen Widerwärtigkeiten und Quälereien. Diese zerstören unsere geistige Spannkraft, ohne unser Lebenswerk auch nur um einen Zoll vorwärtszubringen.

Die Neurologen haben tatsächlich festgestellt, daß fortgesetzte Sorge den Menschen aufreiben kann und daß Hunderte von Todesfällen, die anderen Ursachen zugeschrieben wurden, nur in täglicher Quälerei und Plage ihren Grund haben. Man kann diese das Nervensystem allmählich zerstörenden Einflüsse am besten mit einem immer auf dieselbe Stelle niederfallenden Tropfen Wasser vergleichen.

»Steter Tropfen höhlt den Stein!«

Es ist oft nur der bloße Gedanke, die »Idee« einer möglichen Gefahr, die uns quält und nicht losläßt. Das Nachdenken über solche Möglichkeiten wächst uns über den Kopf, wir vermögen die Sorge nicht mehr abzuschütteln, sie wird zu einer Art fixer Idee.

Das erste warnende Zeichen gibt die Natur selbst: Man fühlt sich geistig schlaff werden, und man kann sich davor nur schützen, indem man sich mit ganzer Willenskraft anderen Dingen zuzuwenden sucht.

»Ärgere dich nicht« ist einer der vernünftigsten Grundsätze und Erholung das sicherste Mittel gegen Ärger.

Wie viele Menschen verwenden einen großen Teil ihrer Energie auf Seufzen und Stöhnen, auf Zanken, auf Klagen über das Wetter und über die »Tücke des Objekts«.

Wer echte Lebenskunst üben will, verschwende seine Tatkraft nicht an derlei Reibung, die die Lebensmaschine aufbraucht und doch nichts vollbringt.

Man weiß kaum, was schlimmer ist, ein nervöser Mann oder eine aufgeregte Frau.

»Ich bin heute früh schrecklich unruhig«, sagte eine Frau.

»Worüber denn?«

»Ach, es fiel mir in der Nacht etwas recht Ärgerliches ein, und nun kann ich mich nicht mehr besinnen, was es eigentlich war.«

Eine berühmte Schauspielerin tat einst den Ausspruch: »Sorge ist die Feindin der Schönheit.« Sie hätte hinzufügen sollen: »... und der Gesundheit.«

»Es scheint mir so herzlos, wenn ich mich

gar nicht aufrege wegen meiner Kinder«, meinte eine Mutter.

»Je mehr man sich mit seinen Sorgen beschäftigt, um so größer werden sie«, sagt Lady Holland.

»Meine Kinder«, sagte ein sterbender Mann, »während meines langen Lebens habe ich viel Sorge und Kummer gehabt. Aber zum Glück sind von all den Dingen, um die ich mich härmte, die wenigsten wirklich eingetroffen.«

Die Welt ist das, wofür wir sie ansehen. Thackeray[7] nennt sie einen Spiegel, der unser eigenes Bild zurückwirft. »Runzle die Stirn, und sie wird dich grämlich anblicken; lache über sie, und du hast eine lustige Gefährtin in ihr.«

»Ich spreche am liebsten gar nicht mehr davon«, sagte eine Frau. »Jedesmal, wenn ich umziehe, nehme ich mir vor, es nie wieder zu tun. Denn was für Nachbarn bekomme ich immer! Es scheint, als ob sie mit jedem Umzug schlechter würden.« – »Wirklich?« antwortete ihr Besuch. »Vielleicht nehmen Sie, wenn Sie umziehen, Ihren schlechtesten Nachbarn immer gleich selber mit.«

Ich beobachtete einmal das Verhalten zweier Mädchen bei einem plötzlich ausbrechenden Gewittersturm. Die eine kam durch Sturm und Hagel, vom Regenschirm eines jungen Mannes nur ganz ungenügend beschützt, und suchte Zuflucht in der Eisenbahnwartehalle.

Ihr Rock war bis zu den Knien durchnäßt, die rosa Bänder an ihrem Kleid waren schlaff geworden, und die rote Farbe der Blumen an ihrem Hut rann in Streifen an der weißen Seide herunter. Und trotzdem – obgleich sie anscheinend ein armes Mädchen war und obgleich ihr Feiertagsstaat verhältnismäßig kostbar gewesen sein mochte – machte sie

doch gute Miene zum bösen Spiele, lächelte und redete auf freundliche Weise.

Die andere war ganz geschützt gewesen. Aber wie böse sah sie aus, weil ihre Hoffnungen auf das Sonntagsvergnügen zerstört worden waren! Und dabei schalt sie noch über einige kleine Spritzer, die von einem schlecht schließenden Fenster auf sie herabzufallen drohten.

Klagt das kleine Fräulein Mißmut:
»Schrecklich find' ich diese Hitzglut,
Ach, ich hasse Sommerwärme sehr!
Mir verbrennt die Nase,
Und im heißen Grase
Geht es ohne Fächer gar nicht mehr.«

Ruft das kleine Fräulein Lachen:
»Ach, die vielen lust'gen Sachen,
Die mir gibt der schöne Sommertag!
Singe durch die Wiesen,
Wo die Blumen sprießen,
Sitz' wie eine Fee im duft'gen Hag!«

Oft ist es weniger die Arbeit als ihr Gemütszustand, der unsere geplagten Hausfrauen erschöpft und viele von ihnen schon mit 40 Jahren alt und häßlich macht. Sie rennen treppauf, treppab und arbeiten sich außer Atem beim Reinemachen, indem sie jedem Stäubchen nachjagen und die Möbel ungeduldig von einer Ecke in die andere schieben.

Die möchte ich alle einmal nach den Sandwichinseln schicken, in das gesegnete Hawaii, das jetzt zu den Vereinigten Staaten gehört.

Annie Lawrie, eine Zeitungskorrespondentin, beschreibt die Frauen dieser Insel mit den folgenden Worten:

Sie sind hoch und schlank und wandeln einher wie Märchenköniginnen; sie haben dicke Zöpfe von schlichtem, schwarzem Haar, sanfte, braune Augen und blitzende weiße Zähne. Sie können schwimmen und reiten und singen, und ihre braune Haut glänzt wie Bronze.

In ganz Hawaii gibt es keine einzige abgehetzte Hausfrau. Die Frauen dort können sich einfach nicht plagen, sie wüßten gar nicht, wie sie's anfangen sollten. Sie essen und singen und lachen und sehen die Sonne untergehen in lächelndem Seelenfrieden.

Wenn eine Frau in Hawaii etwas Gutes zu essen hat, lacht sie und ladet ihre Freundinnen zum Mitessen ein; hat sie nichts, so lacht sie trotzdem, legt sich schlafen – und vergißt ihren Hunger.

Wenn sie genug Geld verdient, kauft sie sich ein hübsches, neues Häubchen, und wenn sie keins bekommen kann, wirft sie das alte ins Waschfaß und wäscht es aus, steckt sich einen frischen Blumenzweig ins Haar und macht sich dann auf, um den köstlichen Morgen im Freien zu genießen.

Diese Frauen sind keine ernsthaften Arbeiterinnen; sie kommen auch nicht auf die Idee, sie müßten die Welt verbessern – sie sind einfach nur glücklich. Sie leben in einem Paradies des Lachens, der leichten Herzen und der sanften Musik und haben absolut nichts weiter zu tun, als ihre Kinder zu versorgen und die alten Leute, als zu schwimmen und zu reiten. Und wenn die kleinen, braunen Kinder sich am Strande in den Wellen kollern, laufen ihre braunen Mütter ihnen nach, selber plätschernd und lachend wie eine Kinderschar. Oder wir sehen sie in lustigen Kavalkaden auf blumenbehangenen Ponys reiten, mit weißen Jasminzweigen und Rosen und Nelken geschmückt.

Ach, wie viel unnötige Sorge machen sich statt dessen doch unsere Frauen!

Gewohnheitsmäßig Unzufriedene wittern immer mehr Unheil als andere Menschen. Es geht ihnen nie so gut wie ihren Nachbarn. Das Wetter ist ihnen niemals recht. Das Klima sagt ihnen nicht zu. Es hat zuwenig oder zuviel Wind; es ist zu heiß oder zu kalt, zu feucht oder zu trocken. Die Straßen sind entweder schmutzig oder staubig.

Von Leuten, denen es der liebe Gott nie recht machen kann

»Sagen Sie mal«, fragte ein Nachbar den Landmann, dessen Wagen bis oben hinauf mit Kartoffeln beladen war, »sprachen wir nicht im vorigen August zusammen?«

»Ja, ich denke schon.«

»Damals sagten Sie, all Ihr Getreide sei verbrannt.«

»Ja.«

»Und die Kartoffeln würden in der Erde verdorren.«

»Ja.«

»Und in Ihrer Gegend könne man kaum auf die Hälfte der Ernte rechnen.«

»Ja, ich besinne mich.«

»Na, und heute ist Ihr Wagen bis oben hinauf voll. Es ist also doch nicht so schlecht herausgekommen, wie Sie dachten – nicht wahr?«

»N-ein«, sagte der Bauer und fuhr sich mit den Fingern durch die Haare. »Aber das kann ich Ihnen sagen, alle meine Gänse haben schrecklich gelitten, weil sie keinen einzigen Tümpel zum Herumschwimmen hatten.«

Was ist ein Pessimist anderes als ein Mann, der die Sonne nur als ein Ding ansieht, das einen Schatten wirft?

Ein Mann ohne Humor ist wie ein Wagen ohne Federn, in dem man bei jedem Steinchen, das im Wege liegt, in die Höhe geworfen wird. Ein Mann mit Humor ist wie eine Karosse auf Gummirädern, die über die holprigsten Straßen fährt, ohne daß man etwas anderes fühlt als eine angenehm wiegende Bewegung.

Schwierigkeiten schmelzen hinweg wie Schnee an der Sonne vor einem Menschen mit heiterem Gemüt, der sich durch nichts entmutigen läßt; aber sie häufen sich vor einem, der ewig über sein hartes Geschick seufzt und am Horizont nach Wolken späht, die noch gar nicht da sind. Schopenhauer sagt: »Dem einen Menschen erscheint die Welt öde, traurig und seicht, dem andern reich, interessant und bedeutungsvoll.«

Wenn jemand Schönheit liebt und nach ihr Umschau hält, wird er sie auf allen Wegen finden.

Wenn seine Seele nach Musik verlangt, wird er sie überall hören; jeder Gegenstand in der Natur wird für ihn eine Stimme haben.

Es ist möglich, daß zwei Menschen, die im selben Hause wohnen und dieselbe Arbeit verrichten, doch in zwei verschiedenen Welten leben. Der eine sieht vielleicht nur Mißgestalt und Häßlichkeit; die Welt erscheint ihm ganz in Verwirrung, alles stört ihn und macht ihn verdrießlich. Der andere hingegen ist umgeben von Schönheit und Harmonie; alle haben ihn gern, und niemand wünscht ihm Böses.

Diese Menschen sehen dieselben Gegenstände, aber durch verschiedene Gläser; der eine durch ein rauchgeschwärztes Glas, das die ganze Welt in Trauer hüllt, der andere durch eine farbige Brille, die alles in Lieblichkeit und Schönheit taucht.

Man nehme zum Beispiel zwei Personen, die gerade aus den Ferien nach Hause kommen. Einer hat nichts Schönes gesehen und ist überall bestohlen worden; die Wirtin war ein grobes Weib, das Zimmer ungesund und das Fleisch stets zäh. Der andere hat überall entzückend trauliche Winkel gefunden, billiges Quartier, freundliche Wirte, die herrlichsten Fernsichten und vorzügliches Essen.

»Was ist ein Optimist?«

Diese Frage stellte der Sohn eines Landmannes seinem Vater.

»Ja, John«, sagte der Vater, »den genauen Sinn dieses Wortes kann ich dir nicht erklären, aber was es ungefähr heißen soll, das weiß ich. Wahrscheinlich erinnerst du dich nicht mehr an deinen Onkel Heinrich; das war ein Optimist, wenn's überhaupt je einen gegeben hat. Bei Heinrich wendete sich immer alles zum Guten. Überall fand er zu guter Letzt noch etwas Erfreuliches.

Zum Beispiel beim Kornmähen. Mich machte das Mähen in der heißen Sonne immer ganz besonders kaputt. Aber wenn wir draußen auf dem Felde waren, gerade eh's bei mir etwas langsamer vorwärts ging, sah Heinrich mich an und sagte: ›Na, Jim, wenn wir

die zwei Reihen gemäht haben und noch achtzehn dazu, dann sind wir schon halb fertig.‹

Und das sagte er auf so 'ne fröhliche Art, ich fühlte mich ordentlich geschmeichelt, als ob durch meinen Fleiß das ganze Feld beinah schon fertig wäre – der Rest ging dann wirklich ganz leicht.

Das Schlimmste aber, was wir zu tun hatten – Mähen erschien dagegen wie ein Kinderspiel –, war das Steinelesen. Damit wurden wir, wenn überhaupt etwas wachsen sollte, auf unserer alten Farm nie fertig.

Gab es gerade nichts Eiligeres und Wichtigeres zu tun, so kam unweigerlich das Steinelesen an die Reihe. Und jedes Pflügen brachte eine neue Steinernte hervor, und das Auflesen ging wieder von vorn an.

Ja, wenn du aber Heinrich gehört hättest, du würdest gedacht haben, es gebe auf der Welt nichts Lustigeres, als Steine zu lesen. Er sah sich die Sache von einer ganz anderen Seite an.

Einmal wollte ich fischen gehen – wir waren mit dem Kornschneiden fertig, und das Gras war zum Mähen noch nicht hoch genug –, als es sich der Vater in den Kopf

setzte, uns zum Steinauflesen auf das westliche Stück Feld zu schicken. Ich war dem Weinen nahe. Da sagte Heinrich: ›Komm, Jim, ich weiß ein famoses Spiel.‹ Und weißt du, wie er das meinte?

Der Junge tat so, als ob das Feld eine Goldmine wäre! Und mir gefiel die Sache auch, und ich hätte schwören mögen, ich wäre den ganzen Tag in Kalifornien gewesen – wirklich fein war's!

›Der Unterschied ist nur‹, sagte Heinrich, als wir fertig waren, ›wir hier werden reich, wenn wir die Goldklumpen wegwerfen, und die dort müssen sie sammeln.‹

Das leuchtete mir zwar nicht ganz ein, aber sicher ist, wir hatten gespielt statt gearbeitet und auf diese Weise eine Unmasse Steine aus dem Felde geschafft.

Und, wie gesagt, eine richtige Erklärung des Wortes Optimismus kann ich dir nicht geben. Aber wenn dein Onkel Heinrich kein Optimist war, so weiß ich nicht, wer einer sein soll.«

Beim Eintritt in das Leben ist ein heiteres, optimistisches Temperament unendlich viel wert. Denn alle meiden Leute, die immer an allem etwas auszusetzen haben und voll von »Wenn« und »Aber« und »Das habe ich gleich gesagt« sind.

Wer Sympathie und Hilfe braucht, wendet sich an heitere, wohlwollende Menschen, nicht an den tadelsüchtigen Nörgler, der darüber grübelt, daß es bald regnen könnte und daß wir einen schrecklich heißen Sommer bekommen werden oder ein fürchterliches Gewitter, und der immer über die schlechten Zeiten klagt und über sein hartes Los.

Der freundliche, heitere, zufriedene und immer das Beste hoffende Mensch macht seinen Weg in der Welt und wird geschätzt und geachtet.

Verdrossenheit und gedrücktes Wesen aber nehmen nicht nur dem Leben viel von seinem Reiz, sie machen auch die Aussicht auf Erfolg weit geringer. Ein heiteres und leichtes Gemüt trägt schließlich überall den Sieg davon.

Diese Welt ist nicht zum »Jammertal« bestimmt; sie soll ein liebliches Tal der Zufriedenheit sein.

Die Isländer, die in der Kälte und Verlassenheit eines fast ununterbrochenen Winters leben, erzählen den Reisenden, daß »Island das beste Land unter der Sonne« sei. In der langen arktischen Nacht ist der Eskimo munter und guter Dinge, so weit er auch von jeder anderen menschlichen Nähe entfernt ist, während mitten in der leuchtenden Pracht und dem paradiesischen Klima von Zentralamerika die Sprache der Eingeborenen beinahe ein Dutzend verschiedener Ausdrücke für Schmerz und Elend und Trauer aufweist gegen ein einziges mit irgendeiner heiteren Bedeutung.

Als einem persischen Könige von den Weisen seines Landes geraten wurde, das Hemd eines zufriedenen Mannes anzuziehen, mußten sie feststellen, daß der einzige zufriedene Mann im Königreiche überhaupt kein Hemd besaß.

Zufriedenheit ist die Wunderlampe, welche die rauhe Fischerhütte in einen silbernen Palast verwandelt.

Vom Glücke beim Gewinnen scheiden: *so machen es alle Spieler von Ruf. Ein schöner Rückzug ist ebensoviel wert als ein kühner Angriff. Man bringe seine Taten, wann ihrer genug, wann ihrer viele sind, in Sicherheit. Ein lange anhaltendes Glück ist allemal verdächtig: das unterbrochene ist sicherer und das Süßsaure desselben sogar dem Geschmack angenehmer. Je mehr sich Erfolg auf Erfolg häuft, desto größer die Gefahr, daß der ganze Berg ins Gleiten kommt und zusammenstürzt.* *Baltasar Gracián*

3. Kapitel

Das Einölen der Arbeitsmaschine

Nichts hat heute mehr Gewicht als das Wort »Geschäft«. Man versteht darunter die große Maschine, die in Bewegung gesetzt wird durch das Gesetz von Nachfrage und Angebot. Sie regiert die Geschicke der ganzen Menschheit.

Der Staatsmann und der Gelehrte, der Fürst und der Edelmann, der Fabrikant, der Handwerker und der Arbeiter, sie alle verfolgen ihre Zwecke nur mit Hilfe dieses Herrschers.

Öl ist besser als Sand, um die große Lebensmaschinerie in gutem Stand zu erhalten. Schütte deshalb nicht Sand oder Kieselsteine ins Getriebe.

Ein winziger Kupferspan, der zwischen die Räder kommt, oder ein Ritz auf der Achse kann einen ganzen Eisenbahnzug in Brand setzen. So wird auch die glatte Abwicklung jeden Geschäftes durch alles, was Reibung verursacht, gehindert.

Ängstliche Unruhe schädigt die Arbeit. Man kann nichts wirklich Gutes leisten, wenn man vor Sorge fiebert. Der eine überstürzt sich, ist fortwährend in größter Eile, erzählt, was er noch alles zu tun hat, und tut, als ob er für zehn arbeiten müßte.

Und doch bringt eine ruhige Person, die sich gemächlich und ohne Hast bewegt, wahrscheinlich doppelt soviel und erst noch Besseres fertig. Denn Aufgeregtheit hindert am guten Arbeiten, und nichts verzinst sich besser als Geduld und Freundlichkeit – vor allem im Geschäftsleben.

Mit guter Laune wird man seine Ware am besten los.

Gütiges und heiteres Wesen sowie das Bestreben, um sich herum freundliche Gesichter und Lust zur Arbeit hervorzurufen, haben zweifellos viel zu den glänzendsten Erfolgen im Leben manches großen Kaufmannes beigetragen.

Andererseits wird ein schwer zufriedenzustellender, tadelsüchtiger Mann, der seine Untergebenen nie lobt – auch wenn er es gerechterweise tun sollte – und der ihnen keine vergnügte Stunde gönnt, selten gut bedient werden.

Man kann es für junge Leute, die einen Beruf ergreifen wollen, als ein richtiges Glück betrachten, wenn sie von Natur heiter sind. Es befähigt sie, anscheinendes Mißgeschick in das gerade Gegenteil zu verwandeln.

Um an allem zu mäkeln, braucht es weder Talent noch Klugheit, noch Charakter.

Ein Untergebener nun gar, der sein Mißvergnügen zeigt, macht sich seine Stellung nur noch weniger angenehm oder wird wohl gar entlassen. Warum soll man ihn widerwillig das tun lassen, wozu so viele andere nur zu gern bereit wären?

Wenn dir deine Stellung nicht gefällt, so beschwere dich bei niemandem darüber, am wenigsten bei deinem Herrn. Fülle deinen Platz aus wie noch nie; suche dich immer besser in deine Stelle einzuleben. Zeige, daß du Besseres wert bist. Du kannst dich darüber so offen und ruhig wie möglich aussprechen, und du wirst sehen, dies ist der einzig richtige Weg zum Vorwärtskommen.

Niemand hat je die Welt ganz so vorgefunden, wie er sie sich wünschte.

Sicher wird dir manche Last von anderen Schultern aufgebürdet werden. Aber murre deshalb nicht. Da die Arbeit nun einmal gemacht werden muß und du sie tun kannst, so kümmere dich nicht um den, der sie hätte tun sollen und es unterließ; tue sie selbst.

Diejenigen Arbeiter, die da einspringen, wo Not am Mann ist, und das fertigmachen, was andere liegen ließen – sie sind die wahren Friedensstifter, und einer von ihnen ist besser als ein ganzes Regiment Unzufriedener.

»Ach, was für ein sonnig einnehmendes Gesicht sie hat!« hörte ich einmal von einer Verkäuferin sagen. »Die Kunden sammeln sich um sie wie die Bienen um einen blühenden Fliederbusch.«

»Vor allem lob' ich mir den Mann, der bei der Arbeit singt!« laßt uns mit Carlyle[8] ausrufen. Wie flink und gut geht ihm alles von der Hand und wie lange hält er dabei aus. Wenn man mit Musik marschiert, merkt man kaum, daß man müde wird.

Selbst bei den im ewigen Kreislauf sich bewegenden Gestirnen spricht man ja von Sphärenmusik.

Wundervoll ist die Kraft der Heiterkeit und nicht zu messen, wieviel man durch sie

ertragen kann. Opfer, die dauernden Nutzen haben sollen, müssen freudigen Herzens gebracht werden, aus einem sonnigen, durch seine Fröhlichkeit anmutigen und durch seine Klarheit schönen Gemüt heraus.

Es ist ein gutes Zeichen, wenn man Mädchenstimmen über dem dampfenden Aufwaschfaß oder über dem Flickkorbe fröhlich singen hört, wenn sich der Kehrbesen rhythmisch bewegt und der Staubwedel im Takt geschwungen wird nach einer munteren Melodie. Sicherlich werden die Schüsseln blanker glänzen und das Wischen und Abstauben und Stopfen wird noch einmal so gut vor sich gehen bei den Klängen eines frohen Liedes.

Der Vater lächelt, wenn er sein Mädchen bei der Arbeit singen hört, und auch der Mutter müdes Gesicht hellt sich auf. Selbst die Geschwister werden, vielleicht ohne es sich ganz klarzumachen, von dem Geist der lustigen Arbeiterin angesteckt.

In der Schweiz gibt es sogar singende Melker. Eine Milchmagd bekommt besseren Lohn, wenn sie eine gute Stimme hat, denn die Kühe geben beim Melken um ein Fünftel mehr Milch, wenn sie dabei durch eine hübsche Melodie beruhigt werden.

Eine Herde läutender Kühe, die von den Bergen und Matten am Abend zurückkehrt, scheint bei den melodisch-sanften Tönen ihrer Glocken noch einmal so friedlich herabzusteigen ins Heimattal.

Und wenn auf dem Felde bei der Ernte gesungen wird, geht die schwere Arbeit weit leichter vonstatten.

Freude am Gesang und noch viel mehr das Singen selbst sind ein nie versagender Genuß für uns. Es ist, wie wenn man durch duftende Wiesen wanderte, in denen die Grillen zirpen.

Manche Menschen gehen durchs Leben

wie Spielleute, die musizierend von Ort zu Ort ziehen und allen Freude bereiten, die zuhören wollen. Andere freilich erfüllen die Luft mit Getöse und lautem Schall. Sie tragen mit sich durchs Leben eine böse Zunge und schlechte Laune und ein zänkisches Wesen und werden gefürchtet, wohin sie auch kommen mögen.

Wieder andere durchdringen mit ihrer Gegenwart und Liebenswürdigkeit die Luft gleich den Obstgärten im Oktober, deren reife Früchte Duft um sich verbreiten.

Der verstorbene Charles Dana sprudelte förmlich über vor Freude an seiner Arbeit und ging bis zu seiner letzten Krankheit täglich ins Büro. Ein Kollege sagte ihm einst: »Mr. Dana, wie können Sie's nur aushalten in dieser abscheulichen Tretmühle!«

»Tretmühle?« fragte Mr. Dana erstaunt. »Da irren Sie sich gründlich, die Sache macht mir großen Spaß.«

»Ich habe einen recht unangenehmen Nachbarn«, erzählte Nathan Rothschild. »Er sucht mich zu ärgern, wo er nur kann. Jetzt zum Beispiel hat er einen großen Schweinestall ganz nahe an meine Ausfahrt gebaut. Sobald ich herauskomme, höre ich nichts als das Grunzen und Quietschen der Schweine. Aber es schadet nichts. Meine gute Laune laß ich mir deshalb nicht verderben.«

Ein Herr, der sich durch einen scharfen Artikel beleidigt fühlte, kam in die Redaktion der »Tribüne« und fragte nach dem Herausgeber. Man führte ihn in ein kleines Kabinett, wo Greenley eifrig schreibend saß, den Kopf dicht über seine Papiere geneigt.

»Sind Sie Mr. Greenley?« fragte der Mann zornig.

»Ja, Sir, was wünschen Sie?« sagte der Redakteur, ohne von seiner Schreiberei aufzublicken.

Nun fing der aufgebrachte Besucher an, seinem Ärger Luft zu machen, ohne sich im geringsten an die Regeln des Anstandes, der guten Sitte und der Vernunft zu kehren.

Mr. Greenley schrieb unterdessen ruhig weiter. Seite auf Seite bedeckte sich mit seinen kühnen Schriftzügen, während er mit unbeweglichem Gesichte dasaß, ohne seinem Gaste die geringste Aufmerksamkeit zu schenken.

Endlich bekam es der zornige Mann satt. Nachdem er seinem Ärger ungefähr zwanzig Minuten lang freien Lauf gelassen hatte, kehrte er sich plötzlich um und wollte das Zimmer verlassen. Da, zum allerersten Male, sah Mr. Greenley auf, erhob sich und schlug dem Herrn freundschaftlich auf die Schulter, indem er in liebenswürdigem Tone sagte: »Bleiben Sie noch, lieber Freund; setzen Sie sich, setzen Sie sich, und sprechen Sie frei von der Leber weg. Es wird Ihnen guttun –

Sie werden sich danach wohler fühlen. Übrigens regt mich Ihr Sprechen auch beim Schreiben an. Bitte, gehen Sie noch nicht.«

Lubbock sagt: Jeder Mensch, der ein Lachen auf seine Kosten verträgt, gewinnt Freunde – und das ganz zu Recht; er beweist Humor und Klugheit. Wenn du dich selber auslachst, werden andere nicht über dich lachen.

Nicht alle Menschen haben denselben Sinn für Humor. Wie manche Menschen gewisse Töne nicht hören und gewisse Farben nicht sehen, so scheinen andere auch für gewisse Freuden taub und blind zu sein. Was uns zum Beispiel bis zu Tränen lachen macht, läßt andere völlig kalt.

Lohnt es sich denn nicht, von einem kleinen Verdruß nur die spaßhafte Seite zu sehen?

Zwei Jungen hatten sich lange um einen auf der Straße liegenden Kasten gebalgt; endlich waren sie übereingekommen, den Inhalt ehrlich zu teilen. Beim Öffnen entdeckten sie, daß er völlig leer war. Was konnten sie da Besseres machen als lachen?

Mit schimpfenden, leicht erregbaren Menschen auszukommen ist vor allem im Geschäftsleben eine nicht hoch genug anzuschlagende Kunst; und sich den kleinen Prüfungen des Lebens gegenüber heiteren Gleichmut zu bewahren eine glückliche Gabe.

Heftige, ungezügelte Leidenschaft hingegen schadet der Gesundheit weit mehr als selbst Nahrungsmangel oder schlechte Wohnung oder Überarbeitung.

Denn bei all diesen Unzuträglichkeiten kann man recht alt werden, während es nur ganz wenige Beispiele von Menschen gibt, die trotz ihres reizbaren Temperamentes ein hohes Alter erreichten.

In »Harpers Magazin« wird die Geschichte von Jamesons[9] Beutezug gegen die Buren in Südafrika erzählt. Die siegreichen Buren fielen auf die Knie, um Gott zu danken für ihren Sieg. Sie beteten aber auch für ihre Feinde und behandelten die Gefangenen mit der größten Freundlichkeit.

Missionare berichten von ähnlichen Zügen kindlicher Frömmigkeit der Neugetauften, denn diese verstehen das Wort des Herrn »Liebet eure Feinde« buchstäblich.

Unglück adelt, wenn man es – nicht aus Gleichgültigkeit, sondern aus Charakterstärke – mit heiterem Mute trägt.

Martin Luther erzählt uns, er sei einstmals tief entmutigt gewesen und mit sich und der Welt und der Kirche und dem geringen Erfolg, den er zu haben schien, höchst unzufrieden.

Er verfiel darüber in eine Kleinmütigkeit, unter der sein ganzes Haus mitlitt. Auch seinem treuen Weibe gelang es nicht, ihn durch freundlichen Zuspruch wieder aufzuheitern.

Da kam sie auf einen guten Gedanken, der sich als heilsam erwies. Sie erschien vor ihrem Gatten in tiefer Trauer.

»Wer ist denn gestorben?« fragte Luther.

»Ach, weißt du es nicht, Martin? Der liebe Gott ist tot.«

»Wie kannst du solchen Unsinn reden, Käthe? Der liebe Gott kann doch nicht sterben! Er ist ja unsterblich und wird leben in alle Ewigkeit.«

»Ist das wirklich wahr?« fragte sie eindringlich, als ob sie seiner Versicherung, daß Gott noch lebe, kaum Glauben schenken könne.

»Wie kannst du daran zweifeln? So wahrhaftig, als ein Gott im Himmel ist«, versicherte der erregte Reformator, »so wahr ist es, daß er niemals sterben kann.«

»Und doch«, meinte sie zögernd in einem Tone, der ihn zu ihr aufblicken ließ, »obgleich du nicht zweifelst, daß Gott lebt, bist du hoffnungslos und entmutigt, als ob es keinen Gott gäbe. Mir kam es vor, als dächtest du, Gott sei tot.«

Der böse Zauber war gebrochen; Luther lachte herzlich über die Lektion, die ihm sein Weib gegeben hatte, und über die sinnreiche Art und Weise, in der sie es getan.

»Ich erkannte«, sagte er, »was für eine kluge Frau ich hatte, weil es ihr gelang, mich aus meiner Niedergeschlagenheit herauszureißen.«

Sein Glück erwogen haben: *um zu handeln, um sich einzulassen. Daran ist mehr gelegen als an der Beobachtung seines Temperaments. Es ist eine große Kunst, sein Glück zu leiten zu wissen, indem man bald es abwartet, denn auch mit Warten ist bei ihm etwas auszurichten, bald es zur rechten Zeit benutzt, da es sich günstig zeigt und Gelegenheiten darbietet; obwohl man ihm seinen Gang nicht ablernen kann, so regellos sind seine Schritte. Wer es günstig befunden hat, schreite keck vorwärts; denn es liebt die Kühnen leidenschaftlich und, als schönes Weib, auch die Jünglinge.*

Baltasar Gracián

4. Kapitel

Nimm das Vergnügen ebenso ernst wie die Arbeit

Zehn Dinge sind nötig, um im Leben glücklich zu sein. Erstens Gesundheit und zweitens, drittens, viertens – Geld.

So sagen wenigstens unsere modernen Philosophen. Wir wollen lieber sagen, nur der sei glücklich, der nicht unerreichbaren Idealen nachjagt, sondern das Glück auf realem Boden sucht, dort, wo es sich ihm im Leben bietet. Er darf nicht auf das Glücklichwerden warten bis nächstes Jahr oder bis er reich ist oder bis er eine große Reise machen oder sich mit den Werken berühmter Meister umgeben kann; nein, er muß versuchen, aus seinem Leben, wie es nun einmal ist, das Beste zu machen.

»Willst du immer weiter schweifen
Sieh, das Gute liegt so nah.
Lerne nur das Glück ergreifen,
Denn das Glück ist immer da.«

(Goethe)

Man kann sich überall ein Paradies schaffen; nur muß man sich die Freude selber in sein Leben hineintragen – sonst findet man sie niemals.

»Man sollte stets einen Teil seiner Zeit mit lachenden Menschen verbringen«, sagt Dr. Johnson.

»Ich amüsiere mich von früh bis abends«, rühmte sich der Verleger Charles Dana seinem vorzeitig alt werdenden Freund gegenüber. »Liest du denn Novellen, und spielst du Billard, und gehst du recht viel spazieren?«

Wie wahr ist es doch, daß uns die ganze Natur anlächelt, wenn wir nur selber vergnügt und zufrieden sind! Die Luft scheint balsamischer, der Himmel heller, die Blumen duften lieblicher, und die Vögel singen süßer.

Es ist etwas Großes um das Leben! Am Morgen die Augen zu öffnen und hinaus in die Welt zu blicken, die reine Luft zu atmen, den Sonnenschein zu genießen und sein ganzes Ich gehoben zu fühlen im Bewußtsein der Frische und Kraft, die in jedem Nerv pulsiert.

Schon das einfache Gefühl, lebendig zu sein, ist schön, und es ist eine gute Welt, in der wir leben, so gerne wir sie auch schlechtzumachen pflegen.

»Gern hör' ich Bienen schwärmen
um sonnige Blüten hin,
Süß dringt ihr träum'risch Summen
ins Herz und in den Sinn:
Denn wie die Wolken wandern
Hoch über Pfad und Hag,
So wandert meine Seele
Den Tönen leise nach.

Gern hör' ich Sommerwinde
durch duft'ge Blumen wehn,
Der Blüten sanftem Fallen
liebe ich zuzusehn;
Wenn dann ein Blättchen leise
Sinkt aufs smaragd'ne Grün,
Laß ich zu kräuselnden Wogen
Meine Gedanken ziehn.

Gern lieg' ich auf dem Rasen,
und meine Blicke gehn
Rings über Berge und Himmel;
ruhevoll denk' ich im Sehn
Welch edles, reines Entzücken
Dem hier beschieden kann sein,
Der seines Lebens Inhalt
Mißt nach den Freuden allein.«

Denn es gibt überall ungehobene Freudenschätze.

Goethe sagt, man solle jeden Tag ein kleines Lied hören oder ein gutes Gedicht lesen, ein schönes Gemälde betrachten und wenn irgend möglich ein paar vernünftige Worte sprechen. Könnten wir das Lied, das Gedicht, das Bild und die guten Worte nicht auch unserem Nebenmenschen zugute kommen lassen? Sollen bei der Arbeit ums tägliche Brot Musik und Dichtkunst ganz vernachlässigt werden? Nein, denn alles Große und Begeisternde in der Welt der Bücher kann ein Teil vom Leben eines jeden Menschen werden. Was gibt es Besseres als Freude an schöner Literatur, an guter Erzählkunst, an Reise- und Geschichtswerken und an Biographien?

Benjamin Franklin[10] erzählt: »Unter vielen anderen Handwerkern bemerkte ich einmal einen Mechaniker, der nicht weit von meinem Büro bei einem Hausbau beschäftigt war und immer in der lustigsten Stimmung zu sein schien. Für jeden, der ihm begegnete, hatte er ein Lächeln und ein freundliches

Wort. Mochte das Wetter noch so kalt oder feucht und trübe sein, auf seinem heiteren Gesicht strahlte immer ein glückliches Lächeln. Ich bat ihn eines Morgens, mir das Geheimnis seiner gleichmäßig guten Laune mitzuteilen.

›Es ist kein Geheimnis, Doktor‹, erwiderte er. ›Ich habe zu Hause die beste der Frauen, die stets ein freundlich ermutigendes Wort für mich hat, wenn ich früh zur Arbeit gehe. Komme ich abends nach Hause, so empfängt sie mich mit einem Lächeln und mit einem Kuß. Der Tee steht bereit, und sie hat den ganzen Tag über so viele kleine Sachen getan, die mir Freude machen sollen, daß ich es gar nicht über mich brächte, nun meinerseits irgend jemandem ein unfreundliches Wort zu sagen.‹«

Unter den glücklichsten Haushalten, die ich je kennengelernt habe, wo Einsicht, Frieden und Harmonie herrschten, befanden sich die von armen Leuten. Keine prächtigen Teppiche bedeckten den Boden, es gab weder kostbare Bilder an den Wänden noch Musikinstrumente, noch schöne Bücher oder Kunstwerke.

Aber zufriedene Herzen, sich aufopfernde und selbstlose Menschen lebten darin, die alle soviel wie möglich zum Glück des andern beitrugen und sich bemühten, durch entgegenkommende Freundlichkeit das Ärmliche ihrer Umgebung vergessen zu machen.

Wenn es nur *eine* zufriedene, heitere und sanfte Seele im Hause gibt, so genügt das schon, die Stimmung aller andern zu erhöhen.

Sie gibt den Grundton an, nach dem sich unwillkürlich die ganze Familie richtet.

Junge Männer sind leicht herrisch, befehlshaberisch und brüsk in ihrem Wesen. Es fehlen ihnen artige Manieren, Höflichkeit, Anmut und Zartheit im Umgange, alles Eigenschaften, die sich nur im Verkehr mit dem weiblichen Geschlecht erwerben lassen. Denn dieses besitzt feinen Instinkt, schnelles Urteil, genaue Beobachtungsgabe und eine wunderbar leichte Auffassungskraft.

Erst durch die Vermischung männlicher und weiblicher Eigenschaften werden die großen Charaktere hervorgebracht.

Die Frau, die den Genius der Liebe in sich trägt, ist wahrlich Königin in ihrem Hause.

Washington Irving[11] sagt: »Ich habe oft Gelegenheit gehabt, die Kraft zu bewundern, mit der Frauen die schlimmsten Schicksalsschläge ertragen.«

Unglücksfälle, unter denen der Mann zusammenbricht, scheinen beim zarten Geschlecht nur die Widerstandskraft hervorzurufen und geben seinem Charakter eine Unerschrockenheit und Würde, die oft ans Erhabene grenzt.

Wenn die Frau ihren Haushalt nicht anmutig und freundlich zu gestalten weiß, so daß er für ihren Gatten der sauberste und traulichste Ort der Welt ist, in dem er Zuflucht findet von allen Mühen und Sorgen der Außenwelt – dann helfe Gott dem armen Mann, er ist wirklich heimatlos.

»Häusliche Menschen sind die glücklichsten«, sagt Longfellow[12].

Was ist ein gutes Weib, eine gute Mutter? Ist sie nicht eine Himmelsgabe, zart und heilig, mit so großen Liebeskräften, daß sie beinahe unerschöpflich scheinen? Gemacht, um Haus und Welt und Gesellschaft zu verfeinern und zu verschönern, um sie emporzuheben und zu schmücken?

Niemand kann ihren Wert genügend würdigen, er müßte ihn denn durch seine Mutter kennen und verstehen gelernt haben. Oder er müßte, in irgendeiner großen Lebenskrise, wo alle anderen ihn verließen, ein Weib gehabt haben, das ihm den Glauben an Gott zurückgab.

Reizend ist die Geschichte von dem Minister, der einmal gefragt wurde, wer er wohl sein möchte, wenn er nicht er selbst wäre.

Er zögerte einen Augenblick mit der Antwort, indem er anscheinend die Großen der

Erde vor seinem Geiste Revue passieren ließ. Dann blieben seine Augen auf seiner Frau haften, die am andern Ende der Tafel saß und ihn mit Spannung beobachtete. Und plötzlich sagte er: »Wenn ich nicht ich selber wäre, so möchte ich wohl der zweite Mann meiner Frau sein.«

Freundliche Worte sind wie Honig. Aber die kleinen Streitigkeiten, die tadelnden Anspielungen und scharfen Urteile sowie Reizbarkeit und Ungeduld, schlechte Laune und unfreundliches Wesen, Vorwürfe und Unhöflichkeiten – sie sind es, die den Unfrieden und das Unglück in die Familie hineintragen.

»Ach«, sagte eine alte Dame, die von einem Begräbnis nach Hause kam, »wenn nur alle Leute ihre Begräbnisrede noch selber mit anhören könnten! Wie würde sich zum Beispiel die Frau Braun gefreut haben! Die arme Seele – sie hat ja keine Ahnung gehabt, wieviel die Leute von ihr hielten. Sie war immer so mutlos. Denn ihr Mann hatte eine Art, alles an ihr zu tadeln. Er meinte es wohl nicht so böse. Wenn aber irgendein Gegenstand im Hause unbrauchbar wurde oder zerbrach, tat er immer so, als hätte es seine Frau ordentlich mit Willen gemacht. Und das ganze Haus wurde von dieser Art angesteckt – wie von den Masern oder dem Keuchhusten.

Und heute erzählte der Herr Pastor so schön, wie der Sekretär seine junge Frau hergebracht habe, als die Umgebung noch einer Einöde glich, und wie geduldig sie alle Entbehrungen ertragen und was für ein gutes Weib sie gewesen sei. Der Pastor konnte ja gar nichts davon wissen, wenn's ihm der Sekretär nicht erst gesagt hätte.

Ach, ach! Wenn er seiner Frau doch nur mal selber gesagt hätte, was er von ihr dachte. Ich glaube, da hätte er die Begräbniskosten sparen können.

Und als der Geistliche erwähnte, wie die Kinder ihre gute Mutter vermissen würden, kam es mir vor, als ob die armen Dinger es kaum mit anhören könnten.

Denn das ist wahr: Sie lebte nur für die Ihrigen!

Und ich glaube, an die süße Himmelsruhe, von der sie später sangen, wird sich Frau Braun erst gewöhnen müssen, denn hier gab es niemals ein Ausruhen für sie.

Die schönen Blumen würden ihr auch gefallen haben, sie waren wirklich herrlich! Hier durfte sie sich nicht einmal das kleinste Blumenbeet zurechtmachen. Ihr Mann sagte, Krautköpfe seien viel schöner und nützlicher. Aber der Frau Braun war es eben mehr um wohlriechende Gewächse zu tun, wie Rosen und dergleichen.«

Die alte Frau hatte recht:

Es ist das große Geheimnis einer glücklichen Ehe, daß man die Zuneigung, die man fühlt, auch zum Ausdruck bringt.

Denn der ist der Glücklichste, er sei König oder Bauer, der Frieden findet in seinem Hause.

Auch die Kinder sollten niemals den Eindruck bekommen, sie würden in einer freudlosen, kalten Welt leben.

Des Hauses Heiterkeit muß ihr Dasein durchleuchten wie Sonnenschein, daß sie sich freuen lernen auch über kleine Dinge und über einfache Vergnügungen.

Wie schön wäre unser häusliches Leben, wenn jedes Kind beim Zubettgehen abends die Eltern anblicken und dabei sagen könnte:

»Es war heute doch zu hübsch bei uns!«

Denn lieben und geliebt zu werden
ist das größte Glück auf Erden!

Für große Bissen des Glücks einen Magen haben. *Am Leibe der Gescheitheit ist ein nicht unwichtiger Teil ein großer Magen: denn das Große besteht aus großen Teilen. Große Glücksfälle setzen den nicht in Verlegenheit, der noch größrer würdig ist. Was manchem schon Überfüllung, ist dem andern noch Hunger. Vielen gibt ein ansehnliches Gericht gleich Unverdaulichkeit, wegen der Kleinheit ihrer Natur, die zu hohen Ämtern weder geboren noch erzogen ist: ihr Benehmen zeigt danach gleich eine gewisse Säure, die von der unverdienten Ehre aufsteigenden Dämpfe machen ihnen den Kopf schwindlig, wodurch sie an hohen Orten große Gefahr laufen, und sie möchten platzen, weil ihr Glück in ihnen keinen Raum findet. Dagegen zeige der große Mann, daß er noch viel Gelaß für größere Dinge hat, und mit besonderer Sorgfalt meide er alles, was Anzeichen eines kleinen Herzens geben könnte.*

Baltasar Gracián

5. Kapitel

Von Dingen, die man findet, ohne zu suchen

Der berühmte französische Maler Eugène Delacroix speiste eines Tages bei Baron James Rothschild und gestand bei der Gelegenheit, er suche schon seit längerer Zeit vergeblich nach einem Modell für einen Bettler auf seinem neuesten Bild. Es sei ihm nun, während er die Gesichtszüge seines Gastgebers aufmerksam betrachtet habe, die Idee gekommen, daß er in ihm das gewünschte Modell gefunden habe.

Rothschild, der ein großer Kunstfreund war, willigte gern ein, dem Maler als Bettler zu sitzen.

Am nächsten Tage drapierte Delacroix im Atelier einen Mantel um die Schultern des Barons, gab ihm einen Stab in die Hand und ließ ihn eine Stellung einnehmen, als ob er sich auf den Stufen eines alten römischen Tempels ausruhe. In dieser Haltung fand ihn, während der Meister auf kurze Zeit den Raum verlassen hatte, einer von des Künstlers Lieblingsschülern. Der Jüngling glaubte natürlich, man habe den Bettler soeben erst eingelassen, sah ihn teilnehmend an und ließ stillschweigend ein Geldstück in seine Hand gleiten.

Rothschild dankte ihm ruhig, steckte das Geld ein, und der Kunstschüler ging wieder hinaus.

Auf seine Erkundigung hin erfuhr Rothschild von dem Meister, daß der junge Mann wohl Talent, aber sehr knappe Mittel habe.

Bald darauf empfing der Jüngling einen Brief, in welchem gesagt wurde, Wohltun trage Zinsen: Die Zinsen für den Betrag, den er dem für einen Bettler gehaltenen Manne gegeben habe, seien auf die Summe von 10 000 Franken angewachsen, und er werde gebeten, dieses Geld in dem Rothschildschen Geschäftshause abzuholen.

Diese Begebenheit erläutert recht deutlich die Kunst, sich heitere Unterhaltung zu verschaffen, selbst wenn man große Geschäftssorgen hat; wie sie hier durch die Bewirtung des Künstlers, die Darstellung des Bettlers und die Wohltätigkeit gegen den würdigen Studenten geübt wurde.

Sie erläutert auch das Wort Wilhelm von Humboldts[13], der einmal sagte:

»Wir dürfen nicht zu ängstlich nach Glück oder Unglück fragen, sondern müssen uns ganz der strengsten und selbstlosesten Pflichterfüllung hingeben; das Glück kommt dann von selbst.«

Wir handeln richtig, wenn wir jedem Tag gelassen entgegensehen, unsere Pflicht tun oder die Freuden, die der Augenblick bringt, genießen, ohne uns lange zu überlegen, ob dies uns auch glücklich machen wird.

Ist nicht heitere Laune wie fließendes Wasser, das in der Bewegung glitzert?

»Das größte Glück habe ich stets in der Arbeit gefunden«, sagt Gladstone[14], »denn der Fleiß trägt seine Belohnung in sich.

Die Jugend ist geneigt zu glauben, daß Ausruhen ein Aufhören aller Anstrengung bedeutet; in Wahrheit aber ist Ausruhen nichts anderes als Wechsel der Arbeit.

Wenn der Kopf beim Studieren über den Büchern müde geworden ist, dann gehe man hinaus in den Sonnenschein und in die freie Luft und lasse den Körper sich herzhaft ausarbeiten.

Bald wird der Kopf davon ruhig und frei werden. Auch die Natur arbeitet ja ununterbrochen; selbst wenn wir schlafen, schlägt unser Herz. Ich versuche stets, möglichst nahe an der Natur zu leben und ihre Arbeit nachzuahmen. Sie belohnt mich dafür mit gesundem Schlaf und erhält mich rüstig und frisch. Und dies, denke ich, ist der beste Erfolg meines Fleißes.«

Das persönliche Vergnügen ist eine sehr untergeordnete Sache, um so wichtiger ist dafür die persönliche Nützlichkeit. Nur die Menschen sind glücklich, die ihren Sinn auf etwas anderes gerichtet haben als auf ihr eigenes Glück.

Und die zarteste und genußreichste aller Freuden besteht darin, zum Glück anderer beizutragen.

Im stillen Gutes tun

John Ruskin[15] hatte eine Million Dollar geerbt. Mit diesem Gelde schickte er sich an, Gutes zu tun. Er half armen jungen Männern und Mädchen, die sich abmühten, etwas Ordentliches zu lernen; er ließ Heimstätten für Arbeiter und Arbeiterinnen errichten und kleine Familienhäuser bauen. Er gründete auch ein Unternehmen, um wüstes Land außerhalb Londons nutzbar zu machen.

Dieses Land wurde gebraucht, um jenen Unglücklichen zu helfen, die sich wieder herausarbeiten wollten aus dem Zustand der Versunkenheit, in den sie durch unbarmherzige Einrichtungen und durch ihre eigene Schwachheit gekommen waren. Man sagt, dieses Unternehmen habe General Booth[16] auf den Gedanken seiner Ansiedlungsfarmen gebracht.

Ruskin unterstützte auch stets sehr freigebig junge Künstler, und er tat viel, um den Kunstsinn der Jugend zu fördern.

Er erstand einmal bei Holman Hunt 10 schöne Aquarellmalereien für 3750 Dollar, damit sie in den öffentlichen Schulen Londons aufgehängt würden.

Bis zum Jahre 1877 hatte er auf diese Weise drei Viertel seines Vermögens und alle Einkünfte, die ihm seine Schriften brachten, verbraucht.

Aber die Bedürfnisse der Armen und seine Pläne, die sich darauf richteten, das Leben der arbeitenden Klassen zu veredeln und zu verbessern, indem er ihnen mehr Freude und Sonnenschein verschaffte, waren derart, daß er sich entschloß, den ganzen Rest seines Vermögens herzugeben und nur ein jährliches Einkommen von ungefähr 1500 Dollar zurückzubehalten.

Streu Blüten, während du gehst. Denn niemals wirst du denselben Weg zurückkommen.

Es gibt so viele Menschen, die zu den größten Opfern bereit sind und doch die

kleinen Freundlichkeiten vernachlässigen, die so manches Leben sonniger und glücklicher gestalten würden.

Eine junge Dame lief einmal auf der Straße gegen einen kleinen barfüßigen Jungen an und riß ihn beinahe zu Boden. Sie blieb stehen und sagte: »Bitte um Entschuldigung, mein kleiner Bursche, es tut mir sehr leid, daß ich so an dich stieß.«

Der Junge nahm seine Mütze vom Kopfe, machte einen tiefen Diener und sagte mit stolzem Lächeln: »Ich entschuldige es sehr gerne, Fräulein. Und wenn Sie wieder einmal an mich anrennen, können Sie mich ruhig umwerfen; ich werde es nicht übelnehmen.«

Es ist einer unserer größten Irrtümer im Leben, daß wir unser Lächeln, unsere Sympathie und unsere freundlichen Worte für »unseresgleichen« aufheben oder für die, die gerade nicht mit uns zusammen sind, oder für andere Zeiten als die gegenwärtige.

Ein kleiner Junge sagte einmal zu seiner Mutter:

»Ich konnte das Schwesterchen heute gar nicht vergnügt machen, es ging wirklich nicht. Aber ich selber bin ganz lustig dabei geworden.«

Es war einmal ein König, der seinen kleinen Sohn sehr liebte und sich große Mühe gab, ihn glücklich zu machen. Er schenkte ihm ein Pony, Bilder und Bücher, zahllose Spielsachen, gab ihm Spielkameraden – kurz alles, was man sich für Geld nur kaufen kann.

Aber der junge Prinz war trotzdem unglücklich. Er hatte stets eine Falte in der Stirn und sehnte sich nach etwas, was er nicht hatte. Da kam einmal ein Zauberer an den Hof. Er sah das mürrische Gesicht des Knaben und sagte zu dem Könige:

»Ich kann deinen Sohn glücklich machen und sein Stirnrunzeln in Lächeln verwandeln, aber du mußt mir einen großen Preis zahlen, wenn ich ihm das Geheimnis verraten soll.«

»Gut«, sagte der König, »was du verlangst, will ich dir geben.«

Der Zauberer führte den Knaben in ein besonderes Zimmer. Mit einer weißen Flüssigkeit schrieb er etwas auf ein Stück Papier. Dann gab er dem Knaben ein Licht und sagte ihm, er solle es unter das Papier halten und dann sehen, ob er die Schrift lesen könne. Darauf ging der Zauberer fort.

Der Knabe tat, wie ihm geheißen worden, und die weißen Buchstaben verwandelten sich in ein schönes Blau.

Er las die Worte: »Erweise jeden Tag jemandem eine Freundlichkeit.«

Der Prinz befolgte den Rat und wurde der glücklichste Knabe im Königreich.

»Unser Glück«, sagt ein Schriftsteller, »ist wie ein Mosaik; es setzt sich aus vielen kleinen Teilen zusammen.«

Die freundlichen Gefälligkeiten, das Talent, sich seiner Umgebung anzupassen, teilnehmend und selbstlos zu sein, sich in acht zu nehmen, die Gefühle anderer nicht zu verletzen und ihre Schwächen zu schonen, wunde Punkte nicht zu berühren – das sind die tausend kleinen Dinge, aus denen sich ein glücklicher Tag zusammensetzt. Und sie sind größer als eine einmalige große Handlung von hervorragender Güte oder Großmut! Unser Leben besteht eben aus Kleinigkeiten; große Ereignisse kommen seltener vor.

Welch eine herrliche Gabe ist es, durch sein bloßes Dasein die Menschen besser und glücklicher zu machen, ohne es selbst zu wissen!

Beecher sagt: »Wir müssen annehmen, daß die Blumen nicht wissen, wie lieblich sie sind. Hier diese Rosen und Nelken haben mich einen ganzen Tag lang durch ihren Duft erfreut. Und doch stehen sie jetzt verwelkt in meinem Kruge, als ob sie keine Ahnung von meinen Gedanken hätten oder von der anmutigen Arbeit, die sie verrichteten.«

Herzensfreundlichkeit läßt sich am besten mit einem Blumenstrauße vergleichen.

Sind nicht Blumen die passendste Gabe für jung und alt? So sind auch Herzensfreundlichkeit und die ihr entspringenden Guttaten überall willkommen, bei Kindern und Erwachsenen, bei alten Leuten und bei der großen Menge der Kranken.

Der Mensch soll für etwas leben. Wenn er Gutes tut, so bleibt er unvergessen in den

Herzen derer, denen er einmal Liebe und Barmherzigkeit erwies.

Unser Leben muß ein harmonisches sein, wenn wir es glücklich nennen sollen.

Kein Erfolg ohne Ehre; kein Glück ohne ein reines Gewissen; kein nützliches Leben, wenn man es nur für sich selbst lebt.

Es ist durchaus nicht nötig, reich zu werden, aber es ist durchaus nötig, ein rechtschaffener, ehrenhafter, nützlicher Mensch zu werden, der Güte und Heiterkeit ausstrahlt, wohin er auch immer kommt.

Glücklich der Mann, der sich im Einklang fühlt mit der Harmonie des Weltalls und der ein offenes Herz für die Stimme der Natur hat und für das »unsichtbare Königreich«.

Jeder reine und gute selbstlose Gedanke, jede Sehnsucht des Herzens nach Höherem und Besserem macht den menschlichen Geist stärker und schöner.

Dies ist es, was ein alter Schriftsteller das Paradies des guten Gewissens genannt hat.

Im Glück aufs Unglück bedacht sein. *Es ist eine gute Vorsorge, für den Winter im Sommer und mit mehr Bequemlichkeit den Vorrat zu sammeln. Zur Zeit des Glücks ist die Gunst wohlfeil und Überfluß an Freundschaften. Es ist gut, sie zu bewahren für die Zeit des Mißgeschicks, welche eine sehr teure und von allem entblößte ist. Man erhalte sich daher einen Vorrat von Freunden und Verpflichteten: denn einst wird man hochschätzen, was man jetzt nicht achtet. Gemeine Seelen haben im Glück keine Freunde: und weil sie jetzt solche nicht kennen, werden diese dereinst im Unglück sie nicht kennen.*

Baltasar Gracián

6. Kapitel

Bitte recht freundlich

Eine ältliche Frau ging, einem plötzlichen Impulse folgend, zum Photographen, um sich photographieren zu lassen.

Sie saß vor dem Apparat mit demselben finsteren Gesicht, das sie bei den Kindern der Nachbarschaft von jeher zum Gegenstand der Furcht gemacht hatte. Und der Photograph sagte, indem er seinen Kopf aus dem schwarzen Tuch herausstreckte:

»Bitte etwas freundlicher.«

Sie versuchte es, aber der verdrossene schwere Blick blieb derselbe.

»Sie müssen freundlicher aussehen«, wiederholte der Photograph mit ruhiger, aber fester Stimme.

»Wenn Sie denken«, erwiderte die Frau scharf, »daß eine alte, einsame Frau heiter aussehen und daß eine, die verdrießlich ist, ein freundliches Gesicht machen kann, bloß weil es ihr gesagt wird, so verstehen Sie nichts von der menschlichen Natur. Es muß etwas von außen kommen, wenn das Gesicht heiter und die Augen hell werden sollen.«

»O nein, durchaus nicht! Es muß von innen heraus kommen! Versuchen Sie es noch einmal«, sagte der Photograph gutmütig.

In seiner Art und Weise lag etwas Vertrauenerweckendes, und sie machte wirklich noch einmal einen Versuch – und diesmal mit besserem Erfolge.

»Das ist gut! Das ist schön! Sie sehen zwanzig Jahre jünger aus«, rief der Künstler, als er den hellen Schein sah, der das verwelkte Gesicht überstrahlte.

Die Frau ging mit einem sonderbaren Gefühl im Herzen nach Hause. Seit dem Tod ihres Mannes war dies das erste Kompliment, das ihr jemand machte, und es ließ eine angenehme Empfindung in ihr zurück.

Als sie in ihre Wohnung kam, blickte sie in den Spiegel und sagte zu sich: »Es kann doch etwas daran sein. Aber ich will warten, bis das Bild fertig ist.«

Als das Bild dann kam, war es ihr wie eine Offenbarung. Das Gesicht schien von vergangenem Jugendfeuer durchleuchtet. Sie starrte lange und ernsthaft darauf, dann sagte eine klare und feste Stimme in ihr: »Was man einmal tun kann, kann man immer wieder tun.« Und indem sie sich dem kleinen Spiegel über ihrem Pulte näherte, sagte sie: »Werde heiter, Katherine«, und das alte Licht kam wieder in ihre Augen.

»Freundlicher«, kommandierte sie; und ein ruhiges, strahlendes Lächeln verbreitete sich über ihr Gesicht.

Die Nachbarn bemerkten bald die Veränderung, die in ihrem Aussehen vor sich gegangen war.

»Nein, Frau A., Sie werden wieder jung. Wie machen Sie das nur?«

»Ach, das kommt beinah ganz von innen

heraus. Man braucht sich nur innerlich wohl und heiter zu fühlen.«

Jede Erregung macht den Menschen entweder schön oder häßlich.

Sorge, Ärger, Unzufriedenheit und böse Laune, jede unehrliche Handlung, jede Falschheit, jedes Gefühl von Neid, Eifersucht oder Furcht – alle diese Erregungen greifen das Nervensystem an und wirken wie Gift auf den Körper.

Um äußerlich schön zu sein, muß man es innerlich sein.

500 Dollar für einen guten Gedanken

In einer Schule wurde einmal ein Preis ausgesetzt für den besten Gedanken.

Der preisgekrönte lautete so:

»Die Menschen murren, daß Gott den Rosen Dornen gab. Sollten wir nicht lieber Gott danken, daß er an den Dornen Rosen wachsen ließ?«

Man nehme die Welt, wie sie ist, die Dornen inbegriffen, und erwarte nicht zu viel von ihr.

Oliver Wendell Holmes erzählte in vorgerückten Jahren, er sei seiner Kinderfrau zu großem Danke verpflichtet. Sie habe ihn gelehrt, unangenehme Zufälle nicht zu beachten. Wenn er stolperte, sein Knie aufschlug oder sich an die Nase stieß, habe die Kinderfrau ihm niemals Zeit gelassen, sich dem augenblicklichen Schmerze hinzugeben, sondern seine Aufmerksamkeit durch irgend etwas Hübsches abgelenkt, durch eine reizende Geschichte oder eine fröhliche Erinnerung. Er verdankte dieser Frau den Sonnenschein eines langen Lebens, denn ihre Lektion war eine von der Art, die sich in der Kindheit leicht lernt, aber schwer im reiferen Leben und niemals im Alter.

»Als ich ein Knabe war«, sagt ein anderer Schriftsteller, »pflegte man mich über einen

Schnitt in den Finger damit zu trösten, daß dies besser sei, als wenn ich meinen Arm gebrochen hätte, und wenn mir ein Stäubchen ins Auge gekommen war, erwartete man von mir, ich würde das Unbehagen leichter überwinden, weil mein Vetter durch einen Unfall sein Auge eingebüßt hatte.«

Wir sollten dem Unglück ins Auge sehen wie dieser nordische Junge dem Winter:

Die Schule liegt eine Stunde weit hinter den Bergen, aber er bleibt nicht am Ofen sitzen. Er wirft seinen Büchersack über die Schulter und geht dem Sturme entgegen. Wenn er den höchsten Rücken des Berges erreicht hat, wo der Schnee in großen Wehen liegt und der Nordwind ihm scharf und beißend ins Gesicht bläst – schreckt er etwa

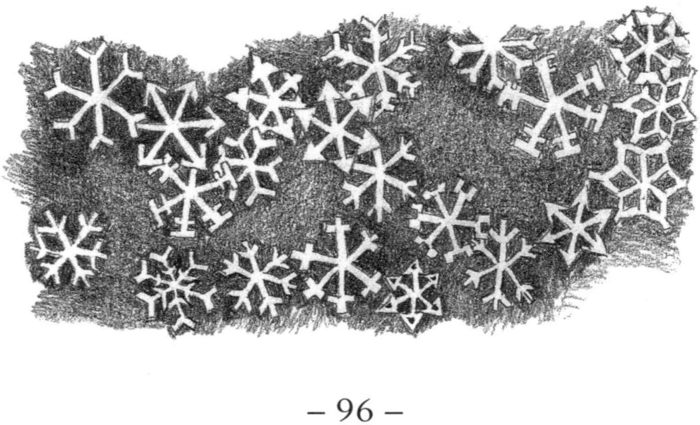

zurück und kauert am Zaune nieder, oder läuft er ins nächste Wirtshaus, um sich aufzuwärmen? Nein, er knöpft seine Jacke fester zu, trotzt kühn dem Sturmeswehen und stößt den Schnee mit seinen Füßen fort. Und so, aufrecht und furchtlos, mit starkem Herzen und geröteten Wangen, geht er vorwärts bis zu seinem Platze in der Schule.

Kinder sollen daran gewöhnt werden, überall Vergnügen zu finden und alles von der besten Seite anzusehen.

Dem einen fällt dies leicht, dem andern schwer. Aber es kann gelehrt und gelernt werden – ganz wie Musik oder Malerei. Lektionen oder gar eine Schule, in der Männer und Frauen lernen, heiteren Mutes allem Ungemach entgegenzutreten – wäre das nicht eine gute Idee?

»Freude heißt die starke Feder
In der ewigen Natur.
Freude, Freude treibt die Räder
In der großen Weltenuhr.«

»Sei gut, und du wirst glücklich sein« ist ein sehr guter alter Rat.

Man kann ihn aber auch umdrehen und sagen: »Sei glücklich, und du wirst gut sein«; denn das Glücklichsein kann man üben wie das Geigenspiel.

Ich denke dabei an eine bejahrte Frau, deren Gesicht klar und friedlich ist, obgleich sie nicht von Leiden verschont blieb. Sie scheint völlig über den kleinen Plagen und Ärgerlichkeiten zu stehen, die die Durchschnittsfrauen quälen und Sorgenfalten in ihrem Gesicht zurücklassen. Eine immerwährend verdrießliche Frau fragte sie einmal nach dem Grunde ihres Glücklichseins, und das schöne alte Gesicht der anderen strahlte vor Freude.

»Meine Gute«, sagte sie, »ich führe ein Freudentagebuch.«

»Ein – was?«

»Ein Freudentagebuch. Schon vor langer Zeit lernte ich einsehen, kein Tag sei so dunkel und trübe, daß er nicht doch einen Lichtstrahl enthielte. Deshalb habe ich es zu einem

Teil meiner Lebensaufgabe gemacht, die vielen kleinen Dinge, die einer Frau oft so viel bedeuten, niederzuschreiben. Seit meiner Mädchenzeit halte ich mir ein solches Buch.

Es sind bloß Kleinigkeiten; ein neues Kleid, ein Gespräch mit einer Freundin, eine Aufmerksamkeit meines Mannes, eine Blume, ein Buch, ein Gang in die Felder, ein Brief, ein Konzert oder eine Spazierfahrt.

Aber alles kommt in mein Freudentagebuch; und wenn ich spüre, daß ich verdrießlich werde, lese ich ein paar Seiten in dem Buche, um zu sehen, was für eine glückliche, gesegnete Frau ich bin. Sie können meinen Schatz sehen, wenn Sie wollen.«

Langsam wendete die grämliche, unzufriedene Frau die Seiten des Buches um, das ihr ihre Freundin brachte, hier und da ein wenig darin lesend.

Der Eintrag des einen Tages lautete:

Hatte einen Brief von meiner Mutter.
Sah eine schöne Lilie in einem Fenster.
Fand eine verlorene Nadel wieder.
Bekam Rosen von meinem Manne.

Auch kleine Verszeilen oder Stellen aus ihrer täglichen Lektüre stehen in dem Freudentagebuche dieser weltweisen Frau, so daß die Blätter ein Aufbewahrungsort für das Schöne geworden sind.

»Finden Sie auch wirklich für jeden Tag eine Freude?« fragte die Verdrießliche.

»Für jeden Tag«, war die leise Antwort; »ich muß doch meine Theorie wahr machen.«

Die andere hätte nicht weiterlesen sollen, aber sie tat es doch. Und sie fand die Seite, wo es geschrieben stand:

»Er starb mit seiner Hand in der meinen und meinem Namen auf seinen Lippen.«

Darunter die Zeilen:

Du einsam Wacher auf des Berges Höhn:
Es ist wohl köstlich, wenn du siehst von droben
Den ersten langen Strahl des jungen Tags
Die durst'ge Welt mit Golde überfluten.

Gott aber rechnet nicht dein glanzvoll Schaun
Für mehr als unsrer Dämm'rung matten Schein.
Denn sanfte Unterwerfung auch ist Licht,
und diesem Licht zu folgen, höh'res Sein.

In einer Schlacht im Krimkriege schlug eine Kanonenkugel in ein Fort und wühlte einen schönen Garten auf. Aus dem häßlichen Schlunde sprudelte aber plötzlich ein Quell hervor, der noch heute rieselt.

Schön ist es, wenn auch unsere irdischen Trübsale ein Quell des Segens werden für andere durch unseren Vorsatz, für die zu leben und zu arbeiten, die unserer Hilfe bedürfen.

Das Leben ist uns nicht zum Trauern gegeben, sondern zum selbstlosen Dienen.

Nicht mit seinem Glücke prahlen. *Es ist beleidigender, mit Stand und Würde zu prunken als mit persönlichen Eigenschaften. Das Sichbreitmachen ist verhaßt; man sollte am Neide genug haben. Hochachtung erlangt man desto weniger, je mehr man darauf ausgeht: denn sie hängt von der Meinung andrer ab, weshalb man sie sich nicht nehmen kann, sondern sie von den andern verdienen und abwarten muß.*

Baltasar Gracián

7. Kapitel

Sonnige Menschen

James Buckham erzählt: »Es gibt hier einen sehr netten, kleinen, alten Herrn, der jeden Morgen mit dem 8-Uhr-30-Zuge in die Stadt fährt. Ich weiß nicht einmal seinen Namen, und doch kenn' ich ihn besser als irgend jemand anderen in der Stadt. Er strahlt den Frohsinn schon von ferne aus. Immer hat er ein Lächeln im Gesicht, und ich habe aus seinem Mund immer nur Freundliches, Höfliches oder Gutmütiges gehört. Jedermann verbeugt sich vor ihm, selbst ganz Fremde, und er verbeugt sich ebenfalls vor allen, doch niemals mit dem leisesten Schimmer von Anmaßung oder falscher Vertraulichkeit.

Ist das Wetter schön, so erscheint es durch seinen fröhlichen Gruß noch schöner, regnet es, so ist die lustige Art, in der er davon spricht, so schön wie der schönste Regenbogen.

Jeder, der mit dem 8-Uhr-30-Zuge in die Stadt fährt, kennt den alten Herrn; es ist sein Zug.

Wenn Sie sich ein wenig beeilen, werd' ich ihn Ihnen heute früh zeigen. Es ist neblig und kalt, aber ein Blick auf ihn wird Sie so aufheitern, daß Sie am liebsten pfeifen möchten – oder ich verstehe mich sehr schlecht auf die menschliche Natur.«

»Guten Morgen, Sir!« sagte Mr. Jolliboy, indem er in denselben Zug einstieg.

»Wieso, Sir, ich kenne Sie nicht«, erwiderte Mr. Neversmile.

»Das habe ich auch nicht gesagt, Sir. Guten Morgen, Sir!«

Die manchem Menschen angeborene innere Heiterkeit grenzt an Genie. Was sollte man wohl auf Erden anfangen ohne diese lichten, sonnigen Naturen, die weder Schärfe noch Härten kennen?

Ihre bloße Gegenwart ist wie Sonnenschein.

Sonnenschein, der sich äußert im Mitleid mit den Armen, in der Teilnahme für die Kranken, in der Hilfe für die Unglücklichen und der freundlichen Milde gegen alle.

Ein sonniger Mensch wird von allen ge-

liebt; jede Türe öffnet sich vor ihm. Durch sein Wohlwollen entwaffnet er Vorurteil und Neid, und er ist überall willkommen – wie der Sonnenschein.

Lustiger Scherz gleicht dem Blitz, der durch finstere Wolken bricht und einen Augenblick lang alles erleuchtet; Frohsinn dagegen gleicht dem ruhigen Tageslicht. Es gelingt ihm dauernd, die trübe Welt in ein Paradies von Schönheit zu verwandeln.

Bei einer Blumenausstellung gewann einmal ein blasses kleines Mädchen, das in einem engen finstern Hofe im Osten von London lebte, den ersten Preis.

Die Preisrichter fragten sie, wie ihr Blumenstöckchen in solch feuchtem, sonnenlosem Orte so schön hätte wachsen können. Sie erwiderte, daß in den Hof ein kleiner Streifen Sonnenlicht falle. Sobald er frühmorgens erscheine, setze sie ihre Blume hinein und rücke dann den Stock immer weiter, dem hellen Streifen nach, so daß er den ganzen Tag Sonnenlicht habe.

Wasser, Luft und Sonnenschein sind die drei größten hygienischen Hilfsmittel; sie kosten nichts und sind für beinahe jeden erreichbar.

Die berühmte Krankenpflegerin Florence Nightingale[17] erzählte, daß nach ihrer Erfahrung alle Kranken außer frischer Luft vor allem Licht brauchen, und zwar direkten Sonnenschein. Ein finsteres Zimmer ist ihnen sehr unzuträglich.

Als das erste Blindenasyl in Massachusetts errichtet wurde, entschloß sich das Komitee aus Sparsamkeitsgründen, bei dem Gebäude die Fenster wegzulassen. Es wurde also ohne Fenster, aber mit sehr guter Ventilation gebaut. Man glaubte, die Blinden brauchten kein Licht, da sie ja nicht sehen können.

Aber die Sache ging nicht gut aus: Von den armen Blinden fing einer nach dem andern an zu kränkeln, und alle wurden von großer Mattigkeit befallen.

Sie fühlten sich unruhig und wurden traurig, ohne sich selbst klar zu sein, was ihnen eigentlich fehle.

Da schließlich alle krank waren und zwei von ihnen sogar starben, beschloß das Komitee, noch nachträglich Fenster in das Asyl einbauen zu lassen.

Das Sonnenlicht flutete nun herein, und die weißen Gesichter bekamen wieder Farbe; die niedergedrückte Stimmung der Blinden belebte sich, und ihre Gesundheit kehrte wieder zurück.

Die Sonne, durch die alles Lebendige wächst und gedeiht, übt den glücklichsten Einfluß auf den Menschen aus; sie heitert sein Gemüt auf und macht ihm das Herz leicht. Und wenn man denselben Sonnenschein im Herzen hat, so geht man fröhlichen Mutes seinen Weg. Zufrieden vorwärtsblickend, wenn man gerade unter einer Wolke wandert, und getrost die Hoffnung festhaltend, auch wenn es im Augenblick dunkel um uns ist.

»Nichts kann den Pfirsichen das mangelnde Sonnenlicht ersetzen«, sagte Emerson, »und deine Kenntnisse sind nur wertvoll, wenn du auch eine fröhliche Weltanschauung besitzt.«

Wie strahlt das menschliche Antlitz, wenn es von einem guten Vorsatz durchleuchtet wird! Das ganze Wesen des Menschen wird von der Anmut dieses Lichtes erhellt.

Wunderbar ist die Kraft des Frohsinns: »Der heitere Mensch übt durch seine Persönlichkeit ungefähr denselben Einfluß auf andere aus wie die sommerliche Wärme auf Feld und Wald. Durch ihn kann der kleinste Erdenwinkel für seine Bewohner zu einem freundlich hellen, warmen Plätzchen werden.« (Carlyle)

Einem heiteren Menschen zu begegnen ist jedesmal eine Freude; sein Händedruck treibt einen Strom frischer Kraft durch unsere Adern, und ein kurzes Gespräch mit ihm steigert unsere Lebensenergie.

Niemand, der Emerson gekannt hat, kann je sein Lächeln vergessen. Es lag ein Segen darin für alle, die ihn sahen.

Ein anziehendes Gesicht hängt nicht von der Regelmäßigkeit der Züge ab. Es gibt Leute mit zottigen Augenbrauen, entzündeten Augen, übermäßig langen Nasen und einem ungewöhnlich breiten oder dicken Mund. Und doch sind es Männer und Frauen mit einer so schönen Seele, daß wir sie immer wieder anschauen möchten, weil aus ihren Augen die Herzensgüte strahlt.

»Selig sind die Freudenbringer!« könnte man den Seligpreisungen der Bibel hinzufügen.

Und deshalb liebt auch alle Welt die kleinen Kinder, weil sie von Lust und Lebensfreude übersprudeln wie eine Lerche vom Gesang.

Erst gestern las ich folgende Grabinschrift in Mount Auburn: »Sie war so heiter! Sonnig im Leben und nun für immer im himmlischen Lichte lebend.«

Freudenbringer sind die Kinder noch immer, einige von ihnen in unaufhörlich wiederkehrenden reizenden Szenen.

»Ich bin so voll Glück«, sagte einmal ein kleines Mädchen, »daß ich nicht glücklicher werden kann, oder ich muß noch wachsen.« Sie sagte zu ihrem Singvögelchen »Guten Morgen« und »Guten Morgen« zu der Sonne. Dann bat sie ihre Mutter um Erlaubnis, und leise, ehrfurchtsvoll und doch vergnügt sagte sie auch »Guten Morgen« zum lieben Gott; und warum sollte sie auch nicht?

War es nicht Goethe, der eine Reise schilderte, die dem Sonnenscheine rund um die Erde folgte, die in unendliches Licht getaucht schien?

Und Longfellow singt:

»Morgen ist's immer, irgendwo, und über
Den erwachenden Ländern, von Ufer zu Ufer,
Singen die Vögel irgendwo immerdar.«

Anmerkungen

1 *Cornelius Vanderbilt,* 1794–1877, amerikanischer Unternehmer; seine Unternehmen und Spekulationen machten ihn zum reichsten Mann seiner Zeit.

2 *Christoph Wilhelm Hufeland,* 1762–1836, Arzt, praktizierte in Weimar, wo er Goethe, Schiller, Herder und Wieland behandelte. Später Professor in Jena und Berlin. Sein Hauptwerk ist *Makrobiotik oder die Kunst, sein Leben zu verlängern* (1796).

3 *Lykurg* (griechisch: *Lykurgos*), legendärer Gesetzgeber Spartas.

4 *Chamfort,* eigentlich *Sébastien Roch Nicolas,* 1741–1794, französischer Schriftsteller und Moralist.

5 Walter Scott, 1771–1832, schottischer Dichter; sein bekanntestes Werk ist *Ivanhoe.*

6 *Ralph Waldo Emerson,* 1803–1882, amerikanischer Philosoph und Dichter.

7 *William Makepeace Thackeray,* 1811–1863, englischer Journalist und Schriftsteller; sein bekanntestes Werk ist der Roman *Vanity Fair* (»Jahrmarkt der Eitelkeit«).

8 *Thomas Carlyle,* 1795–1881, englischer Schriftsteller, bekämpfte den Materialismus des 19. Jahrhunderts. Schrieb Bücher über die Französische Revolution, Oliver Cromwell und Friedrich den Großen.

9 *Leander Jameson,* 1853–1917, britischer Feldherr, kommandierte 1896 das Stoßtruppunternehmen, mit dem der Präsident der Buren, Paulus Krüger, genannt »Ohm Krüger«, gestürzt werden sollte. Der von den

Buren (holländische Siedler) abgewehrte Überfall weitete sich später zum Südafrikanischen Krieg, »Burenkrieg« genannt, aus (1899–1902).

10 *Benjamin Franklin,* 1706–1790, amerikanischer Aufklärer, Staatsmann und Publizist. Er war einer der Führer der amerikanischen Unabhängigkeitsbewegung und brachte 1778 das Bündnis mit Frankreich zustande. Die von Marden zitierte Geschichte steht in der Autobiographie Franklins.

11 *Washington Irving,* 1783–1859, amerikanischer Schriftsteller. Begründete die Tradition der amerikanischen Kurzgeschichte.

12 *Henry Wadsworth Longfellow,* 1807–1882, amerikanischer Dichter. Übersetzte u.a. Dante ins Amerikanische.

13 *Wilhelm Friedrich von Humboldt,* 1767–1835, deutscher Gelehrter und Kultur- und Bildungspolitiker (er konzipierte die Berliner Universität und das neuhumanistische Gymnasium).

14 *William Ewart Gladstone,* 1809–1898, britischer Staatsmann, war mehrmals Premierminister.

15 *John Ruskin,* 1890–1900, englischer Maler, Schriftsteller und Sozialreformer.

16 *William Booth,* 1829–1912, britischer Methodistenprediger, Gründer der Heilsarmee. Erregte 1890 großes Aufsehen mit seinem Buch *Im dunkelsten England.*

17 *Florence Nightingale,* 1820–1910. Als freiwillige Krankenpflegerin im Krimkrieg lernte die Engländerin die Leiden der Verwundeten kennen. Sie setzte alles daran, die zivile und militärische Krankenpflege zu reformieren, und trug entscheidend dazu bei, den Weg für eine Krankenpflege im modernen Sinne zu ebnen.

Über die Autoren

Orison Swett Marden kam um 1850 in Thornton, New Hampshire, auf die Welt. Er studierte Rhetorik und Recht in Boston sowie Medizin in Harvard. Marden war Gründer und Herausgeber der Zeitschrift *Success* (»Erfolg«) und schrieb zahlreiche Lebenshilfebücher, die zu Welterfolgen wurden. Neben »Streu Blüten, während du gehst« sind im Oesch Verlag in Vorbereitung:

– *Wer sich viel zutraut, wird viel leisten*
– *Die Macht der Gedankenkraft*

Marden starb 1924 In New York.

Baltasar Gracián (y Morales), 1601–1658, spanischer Jesuit. Er beschäftigte sich mit Fragen wie der Bildung des Hofmannes oder des Politikers. Bekannt geworden ist vor allem sein Handorakel *(Oráculo manual y arte de prudencia)* aus dem Jahre 1647, eine Art Brevier der Lebensweisheit, das vom Philosophen Arthur Schopenhauer ins Deutsche übersetzt wurde. Die Textstellen in diesem Buch sind dieser Übersetzung entnommen; sie wurden von uns leicht modernisiert.